T0182700

Le jeune Ren dans les bras de sa mère bien-aimée,
Sharon, en 2002.

À ma grand-mère Wiika (Lea) et mon grand-père décédé, Ted.
Merci pour tout.

Copyright 2024 Tous droits réservés.
Traduit par Marie-Christine Payette.
Éditrice : Lisa Frenette
Aucune partie de cette publication ne peut être reproduite, archivée ou transmise sous quelque forme ou par quelque moyen
que ce soit – support électronique, photocopie, numérisation, enregistrement ou autre – sans autorisation expresse.
ISBN : 978-1-77854-049-3
Pour plus d'information, visitez le https://medicinewheelpublishing.com
Imprimé en RPC.
Publié au Canada par Medicine Wheel Publishing.
Nous reconnaissons le soutien du Conseil des arts du Canada.

Conseil des arts
du Canada

Canada Council
for the Arts

Financé par le
gouvernement
du Canada

Funded by the
Government
of Canada

LES ENSEIGNEMENTS DU TAMBOUR

Ren Louie   Karlene Harvey

Le jeune Ren a sauté hors du lit dès les premières heures.
Ses cousins venaient le voir, quel bonheur!

Un cousin est arrivé avec un tambour brun doré.
Ren voulait savoir ce qui avait servi à le fabriquer.

Sa grand-mère a dit : « C'est avec de la peau de cerf qu'on l'a fabriqué ». « Et le rebord et la baguette? », Ren a alors demandé.

« Ils sont faits de cèdre jaune », a-t-elle dit en souriant.
On appelle le tambour un Cuká (coute-youk), a-t-elle dit aux enfants.

Chacun leur tour, du tambour Ren et ses cousins ont joué, puis sa grand-mère s'est mise à chanter et à fredonner.

Trois ans plus tard, quand son 9e anniversaire Ren a célébré, sa mère lui a donné un tambour qu'elle avait confectionné.

« Les battements du tambour représentent les battements de ton cœur », lui a expliqué sa maman.
Ren écoutait alors qu'elle continuait ses enseignements.

« Serre ton tambour dans tes bras pour le réchauffer. Place-le pour que sa face soit visible, c'est ton respect que tu vas ainsi lui démontrer. »

Ren était tellement heureux d'avoir maintenant le sien.
C'était très spécial de savoir d'où son tambour vient.

Ren a rapidement adoré chanter et jouer du tambour pour s'accompagner.
À l'école, avec sa classe, du tambour il a même joué.

Même s'il avait peur de chanter,
Ren a continué à jouer du tambour et a commencé à ressentir de la fierté.

Aujourd'hui, Ren transmet les enseignements à son tour,
aidant les autres enfants à faire preuve d'audace et de bravoure.

Partout où il va, il apporte son tambour favori,
pratiquant sa culture et partageant ce qu'il a appris.

Auteur

Ren Louie est membre des Nuu-chah-nulths d'Ahousaht. Son nom traditionnel est Wikinanish, ce qui signifie « fils aîné ». Il a des origines mixtes, soit nuu-chah-nulth, afro-américaine et ukrainienne. Grâce à sa formation en études autochtones et son travail de modèle autochtone dans les écoles, il espère un jour enseigner les études autochtones au niveau postsecondaire. Sa langue et sa culture le passionnent et il aime apprendre des nouvelles chansons et des enseignements traditionnels des Aînés et des gardiens des connaissances de la communauté autochtone. Il est né et a grandi sur le territoire des Lekwungen et des WSÁNEĆ à Victoria, en Colombie-Britannique et y vit encore.

Illustratrice

Karlene Harvey est illustratrice et écrivaine. Elle habite sur le territoire traditionnel non cédé des Musqueam, des Squamish et des Tsleil-Waututh. Elle est d'origine tŝilhqot'in du côté de sa mère et syilx du côté de son père. Elle est aussi de descendance européenne mixte des deux côtés de sa famille. Après ses études au Emily Carr Institute of Art and Design, elle s'est mise à faire de l'illustration en s'inspirant de la culture zine et des bandes dessinées underground, de l'animation indépendante et du collage. Depuis quelques années, elle s'investit dans la représentation et la meilleure façon d'illustrer divers peuples dans ses œuvres. Elle a récemment obtenu une maîtrise en littérature anglaise avec spécialisation en littérature autochtone à l'Université de la Colombie-Britannique.

karleneharvey.com